AF289977

David Maille

Au clair de ma plume

© 2023 David Maille
Édition : BoD – Books on Demand,
info@bod.fr
Impression : BoD – Books on Demand, In
de Tarpen 42, Norderstedt (Allemagne)
Impression à la demande
ISBN : 978-2-3224-8307-5
Dépôt légal : Septembre 2023

David Maille

Au clair de ma plume

Dédicaces:

Le tout puissant
Ma famille
Mes amis
Ma petite amie
Mon éditeur
Le CRPP, Le CMP et le PSRD du CH Vauclaire
L'unafam, Martine Dos Santos
Françoise Védrine

La PTA
L'association Rock and Love et Séverine Caupain
Harmonysism

Mon peuple gitan

Planète en détresse

L'humain n'a aucune logique
Il n'est vraiment pas net
Notre confort technologique
Est en train d'assassiner la planète
La solution ne sera pas magique
Tu veux que je répète ?
La solution n'a rien de magique
Reprenons nous avant que tout pète

La planète saigne
Tu entends ses cris de douleurs?
Dans la merde on baigne
On lui en fait voir de toutes les couleurs
Les gens ne voit que par la fibre
Et leurs putain de 5G
Soyons heureux et libre
Sortons de ce système d'enragé

L'humain n'a aucune logique
Il n'est vraiment pas net
Notre confort technologique
Est en train d'assassiner la planète
La solution ne sera pas magique
Tu veux que je répète ?
La solution n'a rien de magique
Reprenons nous avant que tout pète

Sur toutes les stations
Ça parle de leurs élections
Mais pas de déforestation
Et de nos manifestations
J'ai décider de prendre position
Ajouter ma pierre à l'édifice
Ne laissons pas la planète sans solution
Nous somme après tout ses fils
Sortons de notre zone de confort
Sauvons notre terre
Si nous sommes unis et fort
Ils pourront pas nous faire taire

L'humain n'a aucune logique
Il n'est vraiment pas net
Notre confort technologique
Est en train d'assassiner la planète
La solution ne sera pas magique
Tu veux que je répète ?
La solution n'a rien de magique
Reprenons nous avant que tout pète

On a mis notre terre à genoux
La société nous a coupé les ailes
On oublie que la planète n'est pas à nous
Mais c'est nous qui sommes à elle
J'ai décider de prendre position pour échanger
J'espère que tu apprécies ce thème
C'est pas le président qui faut changer

Mais tout le système
Les amis soyons fort
Ne soyons pas bête
À nous de faire des efforts
Pour préserver notre belle planète

L'humain n'a aucune logique
Il n'est vraiment pas net
Notre confort technologique
Est en train d'assassiner la planète
La solution ne sera pas magique
Tu veux que je répète ?
La solution n'a rien de magique
Reprenons nous avant que tout pète

Auprès de toi

Auprès de toi
J'oublie tout de moi
Tout ce que tu m'a offert
Juste par ta présence
Quand mon cœur bat le fer
Où il part dans tous les sens

Tu es ma princesse
Tu me change en roi
Je pense à toi sans cesse
Un jour on sera trois
On vie un conte de fée
Où on aura notre toit
La nuit je demande à Morphée
De te rejoindre en rêvant de toi

Pour toi je suis prêt à gravir
Des montagnes enneigées
Où a prendre un navire
Pour traverser la mer Egée
Où la chaleur d'un désert
Sans ralentir d'un pas
Et je suis prêt à affronter l'enfer
Pour retrouver la chaleur de tes bras

Tu es ma femme
Je suis ton plus grand fan
De mes enfants tu sera une bonne mère
Pour les aimer en toutes saison
On se complète comme le ciel et la mer
Qui se marie à l'horizon
Je pense à toi sans cesse
De mon bonheur tu es la rançon
Je t'aime ma princesse
Je te dédie cette chanson

30 Piges

Écrire Gagner de la Maille
J'avoue c'est tentant
Je m'appelle David Maille
Aujourd'hui j'ai trente ans
La musique n'était qu'une idée
De gamin qui jouais à la game cube
Je suis née un 15 juin comme Johnny Hallyday
Et comme le rappeur ICE cube

C'est complètement dément
Les rêves réalisés sur ma routes
Malgré mes galères mes tourments
Et mes soirs de doute
Heureux? Bien sûr je le suis
J'ai trouvé une femme et tout l'amour qu'elle m'a apporté
Une femme qui m'aime pour qui je suis
Et non ce que je peux lui apporter.

J'ai réalisé des rêves au kilo
Je vis de ma musique et ma rime
On cite mes textes en cours de philo
Je dis pas ça pour la frime
Je suis content ma rime fait des siennes
Je suis dans un mode de vie artistique
Malgré qu'elle a commencé dans la peine
Avec mes premiers troubles autistique

Je m'en suis sorti
J'ai enfin retrouvé le sourire
Les anciens me disait "écoute petit
Profite de la vie, de toute façon on va tous mourir"
Je ne suis pas une star
Mais j'ai rendu fier mes parents
Comparé à ceux qui font des allers retours au shtar
Plusieurs fois par ans
Petit mes gâteaux anniversaire
Était un pas pour quitter le monde de l'enfant
Aujourd'hui je le considère juste comme un dessert
Au fond c'est pas ça le plus important
Ma vie était un puit sans fond
Aujourd'hui j'en suis sortie a force de travail et passion
Aujourd'hui je vis mes rêves à fond
C'est ma principale mission
Je continue d'écrire de foutre la pagaille
Avec mes rimes de battant
Je m'appelle David Maille
Aujourd'hui j'ai 30 ans

Petit rêve en grand

Petit je rêvais de m'évader de l'école,
Pendant que ma mère taffait comme une folle
Ce qui n'empêchait pas
Que c'était la merde tous les mois
J'étais un tout petit être
En classe les yeux fixés la fenêtre
Je rêvais de m'échapper
De mon passé je ne suis qu'un rescapés
Tout petit j'avais un don artistique
Bien avant le diagnostic
De mon trouble autistique
Par un psy agnostique
À l'époque j'étais un gamin
Avec des rêves de titans
Les autres refusait de me serrer la main
Parce que je suis un gitan
Je demandais à ma mère
Et je questionnait vite opa
Pourquoi a chaque anniversaire
Je suis le seul gosse qu'on invite pas
Je rêvais d'écrire des livres
Et des putains de chansons
Cette passion me rendait ivre
Du succès j'ai garder la rançon
La musique je l'avais à l'idée
Déjà petit devant ma GameCube
Je suis né un 15 juin comme Johnny Hallyday

Ou comme le rappeur ICE cube
J'ai grandi j'ai fais mes classes
J'ai aiguisé mon epée
Je traîne avec mes vieux camarades de classe
On est ami depuis le CP
Je pense à Esteban Quentin
Brice et Pascal
Et je me rappelle putain
Des putains de boîte où je me faisais recale
Juste pour dire que les chose ont changé
J'écris mes livres et fait ma musique
Ma vie c'est bien arrangé
C'était mon histoire de jeune loustics

"Le plus grand mensonge auquel j'ai du faire face c'est
la phrase "c'est pas si simple"
Pour tout, les gens prononcent cette phrase à tout bout
de chant, pour te décourager, et le pire c'est que ça
marche.
On te dit que c'est infaisable, que tu n'y arrivera jamais,
jusqu'au jour où tu le fais et que tu réalises qu'en fait
c'est aussi simple que ça, et que ça l'a toujours été"

Interlude stop au racisme

Stop aux racistes
Et aux fachos
Sur ces rimes j'insiste
Je suis chaud
Toutes ses têtes d'enclumes
Veulent nous consigner
J'écris et ma plume
Sort tous droit des places désigné
Vous nous mepriser
Sincèrement vous nous les briser
Temps que j'ai la forme
Hors de question de devenir une cible
Pour un mec en uniforme
Armé d'une plaque et d'un calibre
Je rime tout le temps
Il me déteste car J'ai les crocs
Car je suis un gitan
Avec une chaîne autour du cou et un micro
Je n'y suis pour rien
Un vrai homme représente les siens
Donc je soutiens mes vannier mes forain,
Mes chineur sans oublier mes circassiens.
Pourquoi tu nous regarde
Comme des porteur de peste
Car dieu te regarde
Et jugera chacun de tes gestes

On vient de loin
On est pas des babouin
Je t'arrache la tête à coup de poing
Si tu m'appelle encore "Rabouin"
Je vous emmerde soyez maudit
Ceux qui parle mal pour nous gruger
Car n'oubliez pas que Dieu a dit
"Ne juge pas de crainte d'être jugé"

Coralie

Je t'aime ma Coralie
Kamoutoute mour Bloumélie
Je t'aime ma Coralie
Tu es si jolie
Je t'aime ma Coralie
Tu as vaincu ma mélancolie

Tu me change en prince en roi
Tu es ma reine ma princesse
En nous deux je crois
Je pense à toi sans cesse
Mon amour pour toi est infinie
Tu es ma petite chanteuse
Mon bonheur tu as défini
Je veux juste te rendre heureuse

Je t'aime pour la vie
Des autres ont se fou de leur avis
Tu es ma sirène
Je veux rester ta proie
Tu es ma reine
Je suis et serais ton roi
Ma vie est tienne
Mon amour est à toi

Je veux que tu te souvienne
Je serais toujours là pour toi
Ma vie de bohème
Je veux que tu en fasse partie
Je te dédie ce poème
Pour te dire je t'aime ma coralie

Tatcho Mannouche

Je t'envoie des cartouches
De missiles qui touches
Dans ce milieux j'ai fais mouche
Laissez place au tacho Mannouche

Ce soir on fait la fête
Dans tes yeux se reflètent,
Mon en envie de prendre le large
De repartir sur le voyage
J'ai le vent qui m'appelle
J'ai des preuves à l'appui
J'en ai marre d'entendre la ville et ses tractopelle
Je veux m'endormir bercé par le vent et la pluie

Je t'envoie des cartouches
De missiles qui touches
Dans ce milieux j'ai fais mouche
Laissez place au tacho Mannouche

Je ne veux pas que ma vie soit tristesse et naufrage
Je veux qu'elle soit basé de ma jeunesse a vieillesse sur
le voyage
Ça fait onze ans que je suis sédentaire en appartement
Mais je m'y suis jamais fait apparemment
J'ai envie de m'acheter une caravane
Pour reprendre cette vie bien méritées
En attendant mes rimes se pavanent

Sur un bon livre plein d'espoir et de liberté

Je t'envoie des cartouches
De missiles qui touches
Dans ce milieux j'ai fais mouche
Laissez place au tacho Mannouche

Passé pas si simple

Petit ma caravane comme terrain de jeu
l'avenir est à moi
Petit jeune homme qui joue avec le jeu
un petit enfant roi
avec une famille qui m'aime
une petite vie sans histoire
c'est pas que je n'avais pas de problème
j'étais juste pas conscient d'en avoir
l'époque des pog des pokémons
on manquait d'argent mais jamais d'amour
une chose est sur on a pas fait l'aumone
même si dans ce système de vautour
mais la réalité et ma mélancolie sont similaire
ma première nuit en foyer j'ai pleuré des rivières
une chambre trop petite dans un foyer trop grand
enfant traité comme un orphelin mais avec des parents
dois je apprendre le bonheur dans la violence
où dans l'opulence?
mais tant pis, je dois sécher mes larmes
souffrir mais rester calme
je vaincrais mes faiblesses et j'en ferais des armes

j'ai des principes, personne n'a réussi à m'acheter
j'ai galéré du collège au marché du foyer à l'HP
depuis ce sale été

j'emmerde ce système remplis de saleté

début de vie d'adulte mouvementé
Pour me sentir vivre je trinque à ta santé
des soirées dans le hall de mon ancien école
j'ai servis de cobaye à toutes les marques d'alcool
jamais je m'alcoolise
en vrai je cautérise
des soirées dans la baignoire
à écrire des scénarios pour mes idées noires
heureusement je m'en suis sorti de justesse
dans la vie tout peut foiré en toute vitesse
elle est là ma grande différence avec tes rappeurs
qui parle de braquage sans en avoir vu la couleurs
car je me mets à nu
je donne mon avis
je rappe pas la rue
je slam la vie

Attention

Vous savez il faut qu'on discute
Je m'interroge sur ce sujet de débat et dispute
Je voudrais savoir je voudrais comprendre
Pourquoi on en arriver là, pourquoi en prendre?

Le sujet n'est pas facile
Mais ce que je vois
C'est que la vie est difficile
On essaie d'y trouver de la joie
Et des bon moments malgré tout
On prend des mauvaise habitude comme un atout

C'est cette société
Elle nous rend dingue
On veut se changer les idées
Sans pour autant sortir les flingues
On veut s'échapper
telle est notre mission
Avoir du bonheur à palper
Donc on pousse la consommation
Ça fait du bien de boire un demi
Oui une petite bière
Avec de la famille et des amis
Mais pas autant arriver jusqu'à la mise en bière

Pour s'éloigner de ce mal de vivre
Ce mal être qui nous colle
On passe nos soirées festives, on s'ennivre
Mais il existe d'autres moyens que l'alcool
C'est cool de s'accorder un temps mort
S'amuser c'est la vie
Mais ne plus pouvoir s'en passer sans remord
Ça me fait de la peine si tu veux mon avis

Ça me fait de la peine,
Ce mal qui te bouffe et t'insulte
De te voir avec ce venin dans les veines
Pendant que tu ère sans aucun but
Ça me fait de la peine d'y assister
De te voir sans pouvoir t'en passer
Ce n'est que du poison avec un goût de miel
Fait attention mon ami, ce danger est réel